LA FRANCE PACIFIÉE

Paris. — Imp. Émile Voitelain et Cᵉ, 61, rue J.-J.-Rousseau.

LA FRANCE

PACIFIÉE

PAR

ERNEST VARLET

PARIS

LIBRAIRIE INTERNATIONALE

A. LACROIX, VERBOECKHOVEN ET Cᶜ, ÉDITEURS

15, boulevard Montmartre et faubourg Montmartre, 13

MÊME MAISON A BRUXELLES, A LEIPZIG ET A LIVOURNE

1871

LA FRANCE PACIFIÉE

Dans la situation où se trouve aujourd'hui notre malheureux pays, il est du devoir de tous de chercher à s'éclairer mutuellement sur les moyens de ramener la paix dans la société.

La situation actuelle n'est pas née d'un fait récent : elle est le résultat des vingt dernières années, pendant lesquelles un pouvoir dissolvant a su se maintenir en élevant, par un crédit factice, la production du pays, et par suite le bien-être relatif pour la majorité, et en s'appuyant sur cette majorité en la trompant par les apparences.

Cependant ces moyens eussent été sans succès, si l'Empire n'avait eu à son service le suffrage universel à un seul degré, institué par la République de 1848, dont il a su se servir, et dont il est inutile de rappeler les tristes résultats.

Résultats qui n'ont pas été meilleurs, il faut le dire. ni pour les élections de Paris pendant le siége. ni pour les élections de la France pour l'Assemblée nationale nommée pour faire la paix.

L'expérience de cette loi pendant cette longue période nous permet d'en apprécier la valeur; et nous pouvons affirmer qu'elle est à refaire d'après les besoins et les éléments de la société.

Elle n'a été qu'un instrument docile dans les mains du plus adroit, ou elle n'a servi qu'à affirmer le pouvoir aux mains de ceux qui avaient su s'en emparer : parce que pour les masses le succès est toujours une preuve de capacité.

Les fautes de ceux qui se sont emparés du pouvoir le 4 septembre sont venues empirer la situation et ont préparé fatalement la guerre civile actuelle.

Ces fautes sont principalement :

L'organisation de la garde nationale telle qu'elle est aujourd'hui;

De n'avoir pas voulu se servir de l'organisation toute faite des ateliers pour former les bataillons (1);

De n'avoir pas su se servir des nombreuses entreprises des camionnages, des omnibus, des chemins de fer pour former en peu de jours les équipages de train et d'artillerie;

Enfin de n'avoir pas su et pas voulu se servir de l'admirable organisation civile du commerce toute prête

---

(1) Voir à ce sujet mon rapport à M. Schœlcher et à M. Étienne Arago en date du 15 septembre.

et économique, et d'avoir voulu tout conserver, et faire faire par l'administration de la guerre et l'intendance militaire entièrement désorganisées et qui ne voulaient pas de la guerre avec la Prusse considérant après Sedan la partie comme perdue.

Une faute plus grave est celle d'avoir donné une solde à la garde nationale, au lieu de secours proportionnés aux besoins, d'avoir enregimenté les gardes nationaux ouvriers dans leurs quartiers où ils sont inconnus les uns aux autres.

Enrégimentés et instruits dans leurs quartiers il leur était impossible de se rendre à leurs ateliers et de profiter du peu de travail qu'il était encore possible de leur donner.

Soldés au lieu de recevoir des secours proportionnés à leurs besoins, c'était leur donner le droit du soldat, c'est-à-dire vivre à ne rien faire en portant un fusil, et le résultat final : encouragement à la flânerie et au gobelotage et les laisser à la merci du premier ambitieux qui leur ferait croire qu'il y a deux classes dans la société : la bourgeoisie qui opprime le prolétaire et vit de ses sueurs (style Favier).

Non : il n'y a pas deux classes dans la Société.

Il n'y en a qu'une : celle des travailleurs ; mais il y a les travailleurs intelligents, laborieux et économes ; et les travailleurs maladroits, paresseux ou ivrognes.

Les premiers généralement arrivent à une position en rapport avec leurs capacités ; les derniers, au con-

traire, n'arrivent ordinairement qu'à vivre miséra-
blement.

Certes il y a des gens laborieux et intelligents qui n'arrivent pas à une position heureuse.

Certes la société a des devoirs à remplir vis-à-vis de ceux-là; et nos institutions ne sont pas encore si parfaites qu'elles arrivent à remédier à ces malheurs.

Mais peut-on espérer un seul instant qu'une révolution puisse transformer d'un seul jet toutes nos lois? Évidemment non.

Il faut du temps, beaucoup de temps, et surtout de l'argent, absolument comme pour nous débarrasser des Prussiens.

Et certes, si ceux qui ont amené, par leurs ambitions prématurées, cette guerre civile, avaient parcouru nos contrées envahies, si leurs mères, leurs femmes ou leurs sœurs faisaient depuis sept mois la cuisine des soldats de Guillaume; ils n'auraient songé qu'à cela, c'est-à-dire : avoir de l'argent pour les renvoyer chez eux.

Pour avoir de l'argent que faut-il ?

Du travail, et le travail ne viendra qu'avec la confiance qu'inspirera le Gouvernement français à l'Europe.

Et comme en toute chose, on doit considérer le résultat, il est évident que le gouvernement de MM. Lefrançais et consorts n'inspirera aucune confiance, et par conséquent, ne nous amènera ni travail ni argent.

D'un autre côté, il faut le dire, le gouvernement et l'Assemblée nationale n'ont rien voulu faire pour donner satisfaction aux légitimes réclamations de la capitale.

En outre, si l'enlèvement des canons de Montmartre, qui, paraît-il, gênaient considérablement ces messieurs, était nécessaire, fallait-il au moins que l'affaire fut conduite de manière à réussir.

Le contraire a certainement été fait, sans prévenir en aucune façon les citoyens d'ordre, je dirai même de bon sens, on a envoyé brutalement quelques sergents de ville appuyés de soldats au service depuis un an à peine, que pouvait-on espérer de ces jeunes gens sans expérience contre des gardes nationaux qui étaient chez eux dans leurs quartiers et contre des femmes.

Et les chevaux d'artillerie qui n'arrivent que deux heures en retard.

Après ce trop long exposé de la situation qui se dénouera, trop malheureusement, après une longue lutte fratricide, qui n'excitera que les passions de part et d'autre ; et qui, peut être, si le pouvoir n'est pas assez fort pour résister à la droite de l'Assemblée, nous amènera une réaction terrible, c'est-à-dire les fusillades et les déportations ; et peut-être encore un roi, c'est-à-dire *un prétexte à de nouvelles révolutions.*

C'est ce dénouement qu'il faut à tout prix éviter, et contre lequel tous doivent apporter leur peu d'expérience et de bonne volonté.

Trois choses sont indispensables pour régénérer notre nation.

Le suffrage universel a plusieurs degrés et basé sur les intérêts de tous.

L'instruction gratuite à tous les degrés,

Les emplois et grades au concours.

Tout d'abord, sur quoi reposent principalement les intérêts de tous?

Sur le commerce et sa liberté complète.

En effet, on ne peut restreindre l'application du terme commerce à la vente des objets de consommation ou de luxe.

L'industriel n'est qu'un commerçant.

L'ouvrier qui loue son travail pour un temps déterminé fait acte de commerce, et ceci d'autant plus, que le travail payé à la pièce (le marchandage en un mot), s'étend de plus en plus, quoique quelques corporations d'ouvriers cherchent à l'interdire.

Il est évident que c'est le seul moyen qui permette à l'ouvrier de gagner proportionnellement à la dépense de force et d'intelligence qu'il déploie.

Il est en outre indispensable que le vote soit raisonné, c'est-à-dire que l'électeur ait les moyens d'apprécier les capacités des candidats.

Avec la loi actuelle, cela est-il possible?

Nul n'oserait l'affirmer.

Les réunions électorales peuvent-elles donner ce résultat?

Évidemment non.

Les électeurs se trouvent en présence d'un candidat qui ne peut que faire une profession de foi politique très-restreinte ; il n'entre pas et ne peut entrer dans les détails ; en un mot, il est forcé de chercher des phrases qui satisfassent le plus grand nombre sans l'éclairer, et voulût-il l'éclairer, que malheureusement une très-grande partie ne comprendrait pas.

En conséquence, voici à mon humble avis la loi électorale qui devrait être votée sans délai par l'Assemblée nationale actuelle :

1° Tout Français jouissant de ses droits civiques est électeur et éligible à vingt-cinq ans.

A vingt-cinq ans seulement, car si vous n'êtes pas apte à choisir avant cet âge votre compagne sans contrôle, à coup sûr l'êtes-vous bien moins pour nous gouverner ou contrôler les actes des gouvernants.

2° Chaque commune nommera ses conseillers communaux.

Les conseillers communaux nommeront les conseillers cantonaux.

Les conseillers cantonnaux nommeront les députés.

3° Ne pourront voter les citoyens ayant moins de deux ans de résidence dans le canton ou non domiciliés, c'est-à-dire logés en garni, parce qu'il est de la plus grande importance d'écarter de la vie politique les cosmopolites de tous les étages qui n'ont aucun intérêt qui les rattache à la localité et qu'il est non

moins urgent de tendre à resserrer les liens de la famille en forçant moralement les citoyens à vivre de
la vie de famille et à les écarter du cabaret, qui est
toujours l'accessoire obligé du garni.

4° Dans les grandes villes industrielles, la division
des colléges électoraux aura lieu par corporation, et le
vote sera à trois degrés comme pour les communes.

En effet, il est évident que, se basant sur l'intérêt
commercial qui nous guide tous, il ne pourrait en être
autrement.

L'ouvrier n'a aucune relation dans son quartier où
il est inconnu, et où la plupart du temps il ne connaît
personne.

Au contraire, dans sa profession, il est connu, ou
tout au moins il pourra se rendre un compte certain
de la valeur individuelle et des opinions de celui au-
quel il déléguera son droit de voter.

Il en est de même des commerçants et des employés
de commerce.

Par cette loi, on écartera de la politique, ou pour
mieux rendre ma pensée *de la direction de nos affaires*,
les ambitieux et les déclassés de toutes les professions,
qui prennent celle d'émeutier d'abord, d'exilé ensuite,
pour se faire un nom et exploiter nos faiblesses.

On pourrait être étonné que depuis longtemps ce
mode de voter n'ait été proposé et même adopté ; mais
il faut remarquer que jusqu'à ce jour les commerçants
et les industriels, parmi lesquels je range les ouvriers,
se sont toujours figuré que pour être homme politique,

il fallait une science spéciale, science que l'on croyait généralement acquise :

1° Par les prétendants au pouvoir, quels qu'ils soient ;

2° Par les avocats qui plaidaient pour les citoyens accusés de crimes politiques ;

3° Par les historiens et les journalistes.

Quelques poëtes ont aussi passé pour des hommes politiques, mais ils ont passé.

Certainement la politique n'est pas facile ; mais en somme, ce n'est que la connaissance des hommes et de leurs besoins, une grande pratique de leurs rapports, et enfin surtout d'en avoir conduits, car, quels qu'ils soient, il faut qu'ils soient conduits et encore ne faut-il pas qu'ils s'en aperçoivent.

Pour remplir ces conditions, la plupart de nos commerçants et industriels sont plus aptes que qui que ce soit, sans faire fi cependant de toute autre profession.

L'instruction doit être gratuite à tous les degrés, parce que tous les membres de la société devant lui rendre en travail ce qu'elle leur donne en sécurité et bien-être, il est indispensable que toutes les intelligences soient développées le plus complétement possible et qu'aucun citoyen n'ait le droit de dire : Tel est à cette place ou à cet honneur, que j'aurais mieux mérité que lui si j'avais reçu de l'instruction.

Tous les emplois et grades doivent être donnés au concours.

Ceci est tellement naturel que l'on ne comprend pas qu'il ait pu jamais en être autrement ; le choix n'est qu'une faveur, souvent bien placée, cela est possible, mais qui pourrait l'être mal.

L'ancienneté ne peut donner à un citoyen qui a consacré son existence à une profession, que le droit d'en vivre honorablement ; en conséquence, les émoluments devront augmenter proportionnellement avec l'âge, parce que les besoins augmentent avec la famille.

En résumé de ce qui précède, il ressort que le droit commercial est le principe de toute organisation sociale, et que c'est de là que doit dériver le principe de l'union politique, par la réunion en assemblée des élus sortis des conseils cantonaux.

Qu'y a-t-il donc à faire pour arriver au résultat désiré de tous ? (la paix.)

Les municipalités indépendantes, basées sur l'intérêt commercial, le seul qui ne nous divise pas.

Et l'unité politique, pour rendre à la France non pas une prépondérance militaire ou politique en Europe, elle lui est inutile, mais son indépendance et son influence sur la civilisation.

Laisser disparaître la Commune actuelle de Paris, qui n'a été nommée que par un parti trompé par des inconnus ambitieux et intéressés, qui ont abusé de son inexpérience et su profiter des fautes de leurs adversaires.

Que l'Assemblée nationale nous donne une loi électorale fondée sur le bon sens et disparaisse, son rôle est fini; il aura été assez heureux si elle peut terminer sans de plus grands désastres, et la guerre avec l'étranger et la guerre civile.

www.ingramcontent.com/pod-product-compliance
Lightning Source LLC
Chambersburg PA
CBHW071703030726
47598CB00005B/2207